CONTRA EL BULLYING
MEDIANTE EL
DEPORTE

FRED SPENCER

P R I M E R A   E D I C I Ó N
Publicada en 2023

Para pedir copias masivas o adicionales de este libro,
comuníquese con:

4J'sSPORTS
www.4JsSports.com
Spanish Paperback ISBN: 979-8-9871710-1-1

Library of Congress Case Number
Spencer, Fredrick
Anti-Bullying Through Sports
1-11843630371|October2022

Library of Congress in Publication Data

Category: Anti-Bullying, Athletic Coaching, Mindset, Motivational

Written by: Fredrick Spencer | 4JsSports@gmail.com | www.4JsSports.com | #4JsSports | #AntiBullyingThroughSports.

Edited by: Dr. Linda Tucker | Cup and Quill Editing & Publication Services | linda@CupAndQuill.com

Transcribed and Interview by: Inspired Eagle Enterprise, LLC

Spanish Translation by: Ruth Revilla

Cover Concept by: Fredrick Spencer |www.4JsSports.com

Cover Design & Format by: Eli Blyden | EliTheBookGuy.com

Printed in the Tampa, FL, U.S.A. for Worldwide Distribution

Nuestro Temor Más Profundo

*Nuestro temor más profundo no es que seamos
incapaces.*

*Nuestro temor más profundo es el de ser poderosos,
más allá de toda medida.*

*Es nuestra luz, no nuestra oscuridad,
lo que más nos asusta.*

*Nos preguntamos: ¿Quién soy yo para ser brillante,
hermoso, talentoso, genial?*

*Más bien, la pregunta es:
¿Quién eres tú para no serlo?*

Eres un hijo de Dios.

Tu pequeña estrategia es inútil para el mundo.

*No hay nada sabio en rebajarse para que otras
personas cerca de ti no se sientan inseguras.*

*Todos estamos destinados a brillar,
como lo hacen los niños.*

*Nacimos para manifestar
la gloria de Dios que está dentro de nosotros.*

No es sólo en algunos de nosotros; está en todos.

Y a medida que dejamos que nuestra propia luz brille, inconscientemente damos permiso a otras personas para hacer lo mismo. A medida que nos liberamos de nuestro propio miedo, nuestra presencia libera automáticamente a los demás.

–Marianne Williamson

Cláusulas

Límite de responsabilidad/Renuncia de garantía: Si bien el editor y el autor han hecho todo lo posible para preparar este libro, no hacen representaciones ni garantías con respecto a la exactitud o integridad del contenido de este libro y renuncian específicamente a cualquier garantía implícita de comerciabilidad o idoneidad para un propósito particular. Ninguna garantía puede ser creada o extendida por representantes de ventas o materiales de ventas escritos. Los consejos y estrategias contenidos en este documento pueden no ser adecuados para su situación. Debe consultar con un profesional cuando corresponda. Ni el editor ni el autor serán responsables de los daños que surjan de esto.

Este libro está dedicado a las víctimas del bullying, sus familias, entrenadores y atletas que han enfrentado y presenciado el acoso.

Que este libro inspire esperanza para todos.

Prefacio

Inspiración para víctimas del bullying y las familias

¡Te veo, y eres amado!

Quiero que sepas que reconozco la injusticia que has soportado y que aún puedes estar padeciendo. Lamento lo que has experimentado. Si pudiera defender a cada uno de ustedes y protegerlos del abuso, lo haría. Has sobrevivido.

Aunque algunos te etiqueten como víctima, te animo a que te visualices a ti mismo de manera diferente. Redefine quién eres. Luego permite que esa visión impulse tu vida en el futuro.

Si fuiste víctima y todavía estás aquí, no eres una víctima sino un vencedor. Como vencedor, puedes recordar lo que has experimentado. En lugar de permitir que la carga de esos recuerdos te agobie, imagínate a ti mismo como un vencedor victorioso con una hermosa vida por delante. El daño y el dolor no te definen. Permite que lo que aprendiste de ellos te ayude a crear una vida extraordinaria. No dejes que se desperdicie.

Tal vez estés leyendo este libro porque un ser querido, amigo o conocido fue víctima de bullying y ya no está con nosotros. Este libro es mi manera de retribuir a las víctimas. Mi misión es educar a las personas sobre el impacto del bullying en los inocentes. Mi objetivo es ayudar a detenerlo por completo.

Si estás luchando para detener el bullying, te animo a que continúes tu trabajo. Tu experiencia te posiciona para ayudar a otros. Aplaudo tus esfuerzos para seguir adelante con una vida sirviendo a los demás. Cuídate mientras tomas este manto.

Así como trabajo para promover el cambio para las víctimas y los vencedores del acoso. También soy un sobreviviente y he sido testigo del bullying.

Por lo tanto, escribo para ti desde una posición de empatía y experiencia.

– Fred Spencer

Tabla de Contenidos

CONTRA EL BULLYING
MEDIANTE EL
DEPORTE

FRED SPENCER

Introducción

El bullying está a nuestro alrededor; la gente está siendo empujada, halada, arrastrada, criticada, burlada, y despreciada. Algunos están literalmente muertos de miedo, Quieren defenderse o darse la vuelta y correr hacia otro lado. Desafortunadamente, muchos tienen tanto miedo de sus atacantes que están paralizados. ¿Qué hace uno cuando el miedo lo mantiene como rehén?

Muchos jóvenes se enfrentan al bullying. El término es relativamente nuevo. Cuando personas como los expresidentes Bill Clinton y Barak Obama eran más jóvenes y objetivos de otros, el término "bullying" no estaba en uso. Cuando los niños en la escuela primaria, intermedia y secundaria fueron acosados, no fue visto como un gran problema. Las personas a menudo ignoraban este tipo de acoso; dejando a las víctimas aisladas y solas.

En este libro, discuto el bullying y su impacto en las víctimas. Mi solución se centra en los atletas y las acciones que pueden tomar para ayudar a disminuir los efectos del bullying e idealmente erradicarlo. Animo a los atletas, entrenadores, padres y familiares de atletas, blancos de bullying e incluso a los propios acosadores, a leer este libro.

El bullying tiene efectos perjudiciales en los jóvenes y adolescentes. Las personas acosadas a menudo se sienten aisladas, y avergonzadas; e incluso pueden participar en actos de autolesión. Mi objetivo es aliviar el problema para que las personas no experimenten tales efectos negativos.

Hago un llamado a los atletas para que usen sus plataformas para impactar las vidas de los demás. Ofrezco a los atletas un enfoque con movimientos ofensivos y estrategias defensivas para ayudar a reconocer y difundir situaciones de acoso.

El libro discute por qué las personas acosan a otros. El bullying no tiene límites. No discrimina por raza, edad, género, orientación sexual o estatus socioeconómico. Cualquiera puede ser un acosador, y el bullying puede sucederle a cualquiera. Nunca se sabe; usted podría ser el que trae un impacto positivo a la vida de otra persona. Mantén una mente abierta mientras lees.

R·E·A·C·H

Pregúntele al atleta: Cuando vea este símbolo a lo largo del libro, deje que le recuerde (atletas pasados, actuales y futuros) que hay algo que puede hacer con respecto a la situación. Confía en mí; después de leer este libro, verás bullying en todas partes. Te desafío a que dejes que este símbolo te muestre cómo ayudar.

Personas heridas – hieren personas

- Dr. Sandra D. Wilson

Capítulo Uno

¿Qué es el Bullying?

Años de interactuar con los jóvenes y sus padres aumentaron mi conciencia de las situaciones entre nuestros jóvenes. Viajando extensamente como exjugador de baloncesto profesional, padre, entrenador y mentor juvenil, noté constantemente que muchos jóvenes, algunos de tan solo nueve años, se suicidaban debido al bullying. En mi caso particular, me acosaron desde la escuela primaria hasta la escuela intermedia avanzada debido a mis pobres habilidades de lectura y escritura. Era disléxico, pero no me habían diagnosticado.

Trabajo con jóvenes en mi comunidad a través de varias organizaciones en mi profesión elegida. Mientras trabajo con estos futuros líderes, escucho sobre las dificultades y desafíos que enfrentan en sus grupos de pares. Mientras trabajo para fomentar un ambiente saludable para los jóvenes, me doy cuenta de que este dolor está más extendido de lo que uno podría imaginar. Esto me recuerda los sentimientos de aislamiento, vergüenza, sentirse invisible y autodegradación por ser molestado por mis dificultes de lectura y escritura.

Un día, conocí a una madre en una misión para arrojar luz sobre el tema del acoso escolar debido a su perdida personal. Su hermosa hija de 13 años, una estudiante de secundaria se suicidó porque estaba siendo acosada. Como mentor y padre con hijos de su edad, esta pérdida de vidas llegó a casa y se convirtió en una misión personal. En ese momento, supe que tenía que hacer algo: hablar y hablar.

Para pelear esta batalla tuve que educarme sobre el acoso escolar. Según StopBullying.gov (un sitio web del gobierno de los Estados Unidos), el bullying es "un comportamiento agresivo no deseado entre los niños en edad escolar que implica un desequilibrio de poder real o percibido. El comportamiento se repite, o tiene el potencial de repetirse, con el tiempo. Tanto los niños que son acosados como los que acosan a otros pueden tener problemas graves y duraderos"

Después de años de hablar con diferentes grupos, estoy convencido de que el bullying no tiene límites, y las víctimas se sienten invisibles y no escuchadas. La confusión ocurre en todas las categorías de raza, edad, género, orientación sexual y estatus socioeconómico; puede sucederle a cualquiera.

Cuando comencé este viaje, había cuatro tipos de acoso (bullying) ahora hay cinco. A menudo las personas presencian, pero ignoran los comportamientos de intimidación. Preste atención a los signos y tómelos en serio.

Acoso físico

- Golpear
- Patear
- Empujar
- Escupir
- Dar una paliza
- Robar o dañar la propiedad

Acoso verbal

- Insultar
- Sarcasmos
- Burlas hirientes
- Comentarios humillantes o amenazantes
- Comentarios racistas o sexistas

Acoso social

- Excluir a otros del grupo
- Murmurar o difundir rumores
- Hacer que los demás parezcan tontos
- Dañar relaciones

Ciberacoso

Uso indebido de la información y la tecnología destinado a:

- Atormentar
- Amenazar

- Avergonzar

- Manipular

- Excluir o dañar la reputación o amistades de otra persona

Hay una diferencia entre el acoso cara a cara y el ciberacoso. El acoso cara a cara a menudo termina cuando termina la escuela; no hay escape del acoso cibernético debido a las redes sociales y la tecnología. No existía antes de que Internet y las plataformas de redes sociales se volvieran prominentes y fácilmente disponibles.

Sitios como endcyberbullying.org y blog.securly.com describen varios ejemplos de acoso cibernético:

- Outing o Doxing (doxeo) se refiere a revelar abiertamente información sensible o personal sobre alguien sin su consentimiento para avergonzarlo o humillarlo. Este comportamiento abarca desde publicar o compartir fotos o documentos personales hasta compartir los mensajes personales guardados de un individuo en un grupo privado en línea. La ausencia del consentimiento de una persona para compartir sus fotos o documentos lo convierte en una víctima de acoso cibernético.

- Fraping (Ciberacoso) es cuando un acosador usa las cuentas de redes sociales de la víctima para publicar contenido inapropiado con su nombre. Un ejemplo típico de Ciberacoso es un acosador que publica insultos raciales y homofóbicos a través del perfil de otra persona para arruinar su reputación. Puede ser inofensivo cuando los amigos escriben publicaciones divertidas en los perfiles de los demás; dependiendo del contenido, tales publicaciones pueden ser increíblemente dañinas.

- Dissing (Difamación cibernética) es cuando un acosador difunde información cruel sobre el objetivo a través de publicaciones públicas o mensajes privados. El acosador tiende a tener una relación personal con la víctima, ya sea como conocido o amigo. La intención es arruinar la reputación de la víctima o las relaciones con otras personas degradándolas y aislándolas.

Sexting

- Es una combinación de las palabras "sexo" y "mensajes de texto".

- Implica crear, publicar y enviar mensajes de texto, imágenes o videos sexualmente sugestivos de uno mismo o de otros.

- El sexting generalmente se realiza usando teléfonos celulares, pero las personas también usan computadoras, cámaras web, cámaras digitales y otros dispositivos electrónicos.

El bullying consiste en un asalto verbal, físico o cibernético continuo e intencional, con el propósito de humillar y degradar a una persona (la víctima). No todas las situaciones desagradables son bullying. Considerar las causas y los efectos de ciertos comportamientos es necesario para discernir qué es y qué no es bullying. No debemos confundir la intimidación con problemas de comportamiento como desacuerdos, descortesía o ser malo. Las personas pueden ser malas o irrespetuosas cuando el comportamiento y sus efectos no son planeados. En tales casos, la rudeza y la mezquindad no son actos de acoso.

Alto Al Acoso en Cyberbullying.Org

Stop Bullying

Stopbullying.gov es un sitio web oficial del Gobierno de los Estados Unidos. El sitio web ofrece un amplio espectro de información para equipar a los defensores con información para ayudar a detener el acoso escolar. Este recurso sugiere que hay maneras de detener la intimidación en el acto y prevenirla, tomando medidas como enseñar a los niños cómo hablar sobre el acoso escolar, crear un ambiente escolar seguro y lanzar una estrategia de prevención del bullying en toda la comunidad.

"*Me dejé intimidar porque tenía miedo y no sabía cómo defenderme. Fui intimidado hasta que evité que un nuevo estudiante fuera intimidado. Al defenderlo, aprendí a defenderme a mí mismo*".

— Jackie Chan

Capítulo Dos

¿Cómo Identificar A Un Acosador?

E ste libro es el resultado de mi viaje emocional que implicó educarme sobre el acoso escolar. Entre las preguntas que me hacen con más frecuencia están: "¿Cómo se ve un acosador?" y "¿Cómo identificas a un acosador?" Este capítulo aborda estas preguntas.

Muchas películas retratan con precisión la intimidación, algunas de ellas: Mean Girls, Carrie, Karate Kid, Cobra Kai, Bully, Moonlight y Joe Bell. Colectivamente, las películas revelan que cualquiera puede ser un acosador, independientemente de su raza, edad, género, orientación sexual o estatus socioeconómico.

Recursos como StopBullying.gov ofrecen información sobre las circunstancias que hacen que las personas se conviertan en acosadores y, por lo tanto, nos ayudan a comprender las características comunes de los acosadores.

Los acosadores intimidan por muchas razones, incluyendo:

- Presión de grupo

- Un deseo de sentirse en control y poderoso
- Un intento de lidiar con problemas de baja confianza y autoestima
- La necesidad de lidiar con la ira y la infelicidad
- Tener poca o ninguna empatía por los demás.

Roles Que Juegan Las Personas En El Bullying

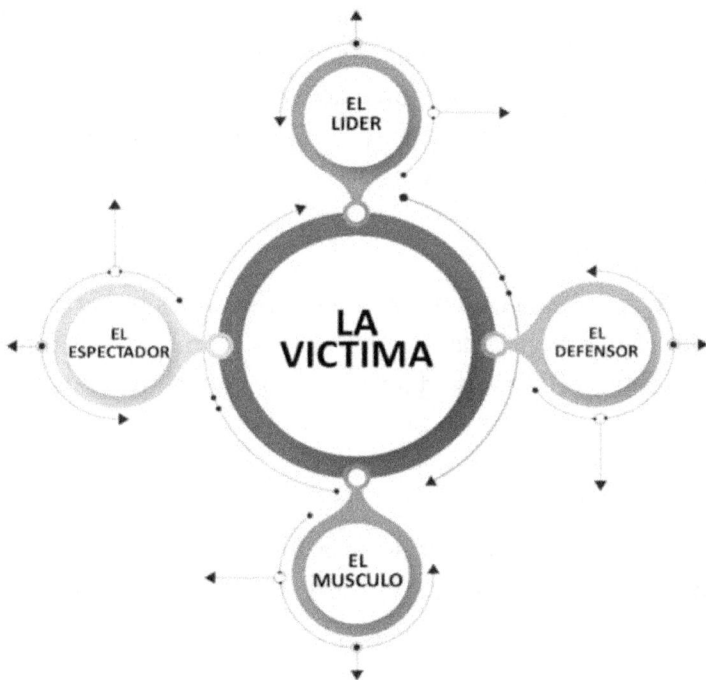

Las flechas representan la frase: *What Go Around Comes Around.* El rol en el que te encuentras hoy puede cambiar para ti mañana.

Ejemplo: Espectador hoy | Víctima mañana

El Líder

Esta persona se rodea de personas que son seguidores. Los seguidores son inseguros, físicamente fuertes y, a menudo, ven la violencia como algo positivo. Seleccionan objetivos para que el líder intimide. El líder puede actuar como "el músculo", motivando a otros a comenzar o continuar con los comportamientos de intimidación. Los líderes disfrutan del conflicto y se niegan a aceptar la responsabilidad por los comportamientos negativos.

El Músculo

Esta persona comenzará el acoso después de que el líder elija a la víctima. Pueden ser los primeros en lastimar a la víctima física o verbalmente. Su ataque alienta a otros a tratar a la víctima de manera similar.

El Defensor

Este individuo reconoce la victimización y actúa en nombre de la víctima. El defensor puede ralentizar o detener completamente el acoso.

El Espectador

Esta persona puede estar en un incidente de acoso, pero no participaren la acción. A pesar de su no participación, se involucran eligiendo convertirse en espectadores del acoso.

La Víctima

La persona intimidada es la desafortunada presa del Líder y el Músculo. La víctima sufre abuso emocional, físico o verbal.

Causas Del Bullying Escolar

Los acosadores se aprovechan de sus víctimas por muchas razones. Desafortunadamente, cualquiera podría convertirse en presa de un acosador, pero las víctimas comparten características comunes, que incluyen:

- Baja autoestima
- Discapacidades de aprendizaje
- Pobreza
- Estaturas pequeñas, problemas de peso
- Pocas habilidades defensivas, por lo que no se defienden por sí mismos
- Recién llegados al área, escuela, vecindario o equipo
- Orientación sexual

Cualquiera puede ser un acosador, y cualquier situación puede conducir a la intimidación. Ninguna raza o clase de personas está a salvo del bullying y sus efectos.

Efectos Del Bullying Escolar

La investigación apunta a los efectos psicológicos a largo plazo de la intimidación que pueden afectar significativamente la salud física y emocional de las víctimas y los acosadores.

En las últimas décadas, la intimidación se ha convertido en un foco entre los investigadores y reconocida como una preocupación importante entre el personal escolar, los estudiantes y los padres La investigación revela repercusiones psicológicas sustanciales del bullying. Los acosados tienen mayores riesgos de depresión, ansiedad, ideación suicida y conductas autolesivas.

Investigaciones anteriores con frecuencia se basaron en datos con poca información sobre el impacto del bullying en la salud mental de las víctimas cuando se convierten en adultos. Sin embargo, investigaciones recientes revelan efectos a largo plazo. Alice G. Walton (2013), en "The Psychological Efeccts of Bullying, Last Will into Adulthood" analiza el impacto psicológico a largo plazo de la intimidación en los acosadores y los niños acosados.

Los investigadores analizaron datos de más de 1,400 niños en Carolina del Norte, de nueve a trece años. Los jóvenes respondieron preguntas sobre sus experiencias as de ser acosados o de acosar a otros. Algunos niños encajan en una categoría (acosador o víctima), y otros se identificaron en ambos roles.

Cuando los niños tenían entre diecinueve y veintiséis años, los investigadores los volvieron a entrevistar. Los trastornos depresivos, los trastornos de ansiedad, la ansiedad generalizada (por ejemplo, TEPT, TOC), los trastornos de pánico, la dependencia de sustancias y el trastorno de personalidad antisocial fueron más comunes entre las personas que habían sido víctimas.

A aquellos que fueron víctimas de intimidación y acosadores les fue peor, sufriendo de diversas formas de depresión y trastornos de ansiedad, siendo los pensamientos suicidas y los episodios depresivos los más comunes.

Los adultos que fueron acosadores de una sola vez (y nunca víctimas) no tenían el mismo riesgo de problemas de salud mental que aquellos que fueron víctimas o víctimas y acosadores; en cambio, tenían un mayor riesgo de trastorno de personalidad antisocial. Hubo menos conexiones entre la intimidación y los trastornos psiquiátricos infantiles, el maltrato, la posición socioeconómica y las dificultades familiares.

Walton concluye: "La intimidación no es solo un rito de iniciación inofensivo o una parte inevitable del crecimiento", a pesar de la percepción errónea común. Los autores piden mejores estrategias de intervención y una mayor conciencia de los graves efectos del bullying que se espera que "reduzca el sufrimiento humano y los costos de salud a largo plazo y proporcione un entorno más seguro para que los niños crezcan".

Las acciones enfocadas están en orden en función de "cuán profundamente el bullying afecta el funcionamiento a largo plazo de una persona", según William E. Copeland: "Este daño psicológico no desaparece simplemente porque una persona creció y ya no es acosada; es algo que se queda con ellos".

Si podemos abordar esto ahora, podemos evitar muchos problemas en el futuro". Aumentar la conciencia de que el bullying no tiene límites y ocurre a nuestro alrededor es esencial si queremos poner fin al sufrimiento de los involucrados.

NAMI Helpline

The National Alliance on Mental Illness on NAMI.org

El impacto del bullying varía en intensidad dependiendo de su gravedad, duración y respuestas individuales a la experiencia. Prevenir o detener el acoso entre los niños les da una mejor oportunidad de convertirse en adultos sanos y felices con las emociones.

The National Alliance on Mental Illness (NAMI) Helpline es un servicio gratuito de apoyo mutuo a nivel nacional. Esta línea de asistencia proporciona información, referencias de recursos y ofrece apoyo para ayudar a las personas que viven con una afección de salud mental, sus familiares y cuidadores, proveedores de salud mental y el público. El personal y los voluntarios utilizan su experiencia y capacitación para proveer orientación.

"Cuando alguien sea cruel o actúe como un acosador, no te rebajes a su nivel. Nuestro lema es que cuando ellos bajan, tú subes".

— Michelle Obama, Nuestra primera dama

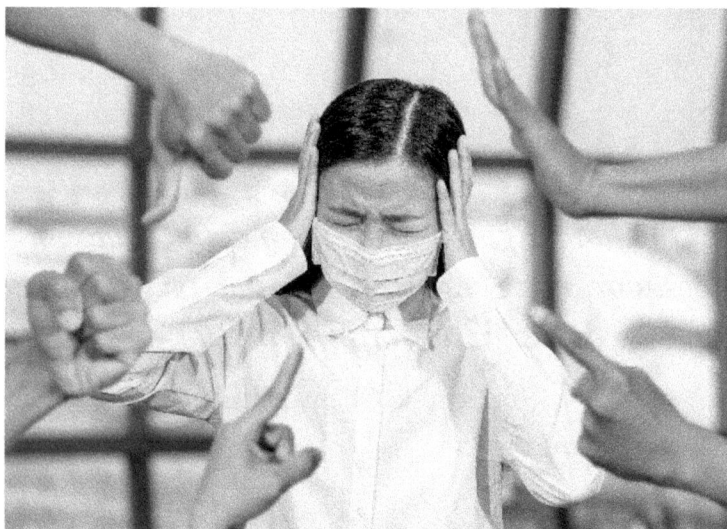

Capítulo Tres

Ejemplos De La Vida Real

En "Obama habla en contra del Bullying "(Obama speaks out against Bullying),Nia-Malika Henderson (2011) cita al presidente Obama con respecto a su experiencia como víctima de acoso escolar en un extracto de su discurso en la Convención de Prevención del Acoso de la Casa Blanca en 2011.

Como adultos, todos recordamos lo que era ver a los niños molestados en los pasillos o en el patio de la escuela. Tengo que decir, que con orejas grandes y el nombre que tengo, no era inmune... No salí ileso. Pero debido a que es algo que sucede mucho, y que siempre ha existido, a veces nos hemos hecho la vista gorda ante el problema. Hemos dicho: 'Los niños serán niños' y así, a veces, pasamos por alto el daño real que puede causar el acoso, especialmente cuando los jóvenes enfrentan acoso día tras día, semana tras semana.

En un artículo de 2012 (Forbes.com), Leigh Steinberg habla sobre la crisis de intimidación, pidiendo a los atletas que se involucren, usen sus plataformas y se opongan a la intimidación. El artículo destaca las situaciones de intimidación. Por ejemplo, el director de cine Lee Hirsh, que fue intimidado cuando era niño, hizo el documental *Bully* para exponer la prevalencia del problema en las escuelas.

Steinberg relata varias situaciones en las que las personas fueron intimidadas tan severamente que se quitaron la vida para evitar más maltratos. Steinberg también describe una situación en la que los atacantes de un joven intentaron ahorcarlo.

John Cena se convirtió en uno de los mayores luchadores y campeones profesionales estrella de la WWE. Sin embargo, fue acosado cuando era niño debido a su gusto por la música. La experiencia de Cena señala que el acoso no conoce fronteras. Creció en Massachusetts y era fanático de la música hip-hop. Como adulto, Cena se convirtió en un defensor contra el acoso escolar. Según un artículo de 2015 en thesportster.com, Cena aconseja a los jóvenes acosados que "hagan todo lo posible para tener éxito". La filosofía de Cena lo ayudó a superar el acoso escolar.

Michael Phelps fue constantemente objeto de burlas debido a sus largos brazos y orejas grandes (ranker.com, 2019). Usó lo que otros se burlaban de él como la motivación para convertirse en un nadador exitoso. Ahora nadie intimida a este ganador de veintitrés medallas de oro olímpicas.

Eva Torres, una exluchadora profesional de la WWE, fue maltratada durante la escuela secundaria y durante sus primeros años universitarios (thesportster.com, 2015). Torres superó el acoso escolar y se convirtió en instructor de clases de defensa personal.

Estos atletas utilizaron sus plataformas para educar y ayudar a las personas que han sido intimidadas. Enseñar clases de defensa personal o contar su historia sobre cómo superar el acoso escolar puede inspirar a otros a seguir adelante.

Cómo El Baloncesto Me Salvó La Vida

Todo comenzó en la escuela secundaria. Me llamaron para leer algo delante de la clase. El pasaje tenía la palabra "fresa" en él. Tuve dificultades para leer y pronunciar algunas palabras, especialmente las "str...". Ni siquiera recuerdo de qué trataba el pasaje. Todo lo que recuerdo es que la palabra que salió de mi boca sonaba como SKKKRawberry, y varias personas se reían. Me sentí humillado y avergonzado. A partir de entonces, la gente me insultaba, llamándome estúpido o burlándose de mis errores de pronunciación. Sentí que así era como me veían: tonto y estúpido. Para evitar futuras lecturas públicas, pediría ir al baño o hacer algo perturbador en clase. Tenía una discapacidad de aprendizaje no diagnosticada que era forraje para los acosadores. Esa fue mi experiencia.

Yo era disléxico y no lo sabía. Los años de maltrato y acoso por parte de mis compañeros erosionaron gradualmente mi autoestima, retrasando aún más mi desarrollo educativo. La intervención contra la intimidación podría haberme ahorrado el dolor de esas experiencias.

En séptimo grado, tuve un crecimiento acelerado. Mi padrino y un viejo amigo de la familia comenzaron a entrenarme en las canchas de baloncesto del patio de recreo en mi ciudad natal. Me uní a los equipos de baloncesto y atletismo de la escuela intermedia y secundaria. Mi talento y habilidades atléticas florecieron y eclipsaron mis dificultades académicas, lo que me dio una plataforma para interactuar con otros porque me admiraban (literal y figurativamente). Sin embargo, todavía estaba luchando en secreto contra los obstáculos académicos.

Cuando era estudiante atleta en Chipola College en Marianna, Florida, un consejero académico trabajó conmigo en mis dificultades de lectura. Aprendí sobre la dislexia, que sonaba como con lo que había luchado durante años. Finalmente, me diagnosticaron disléxico. Imagínese no saber que tienes una discapacidad de aprendizaje reconocida y tratable.

Si me hubieran diagnosticado cuando era niño, podría haber recibido ayuda en las áreas donde luché. Como sucedió, no adquirí habilidades de afrontamiento hasta que me diagnosticaron como un adulto joven. Según dyslexiada.org, la dislexia es: una discapacidad específica del aprendizaje de origen neurobiológico. Se caracteriza por dificultades con el reconocimiento preciso y fluido de palabras, mala ortografía y habilidades de decodificación. Estas dificultades suelen ser el resultado de un déficit en el componente fonológico del lenguaje.

La condición se presenta de muchas maneras. En mi experiencia, las palabras no parecían fluir y a menudo parecían onduladas o incompletas. En retrospectiva, el programa Hooked-onPhonics© me habría ayudado mucho.

Después del diagnóstico, tuve un sistema de apoyo y recursos para ayudarme a superar mis desafíos académicos relacionados con la dislexia. A medida que adquirí habilidades de afrontamiento para mis luchas de aprendizaje y progresé en mi carrera de baloncesto, ya no era un objetivo para los acosadores. En cambio, la gente quería estar cerca de mí debido a mi éxito. Desafortunadamente, no es así como va la historia para muchas personas que son víctimas de intimidación. No todos tienen un sistema de apoyo poderoso como los que usan uniformes. Los recursos a menudo están disponibles a través de programas deportivos u organizaciones que pueden no ser tan fácilmente accesibles para otros estudiantes.

Las historias de la vida real de intimidación en este capítulo ilustran que ni los acosadores ni las víctimas pueden clasificarse por raza, edad, género, orientación sexual o estatus socioeconómico. Tener una familia con medios económicos, un vecindario "seguro" o una educación de calidad no exime a una persona de ser acosada o convertirse en un acosador.

La gente tiende a admirar a los atletas, sus talentos y habilidades, y quiere saber de ellos. Por lo tanto, los atletas están en una posición ideal para ser proactivos en la disminución de la prevalencia de la intimidación y prevenir el desarrollo de lo que ahora sabemos que pueden ser problemas de por vida para los agresores y las víctimas. He escrito *Contra el Bullying Mediante el Deporte* (Anti-Bullying Through Sports) para dar a los atletas ideas sobre cómo usar su plataforma para llegar a los afectados por los acosadores.

Para el mundo, puedes ser una persona, pero para una persona, puedes ser el mundo

— Dr.Seuss

Capítulo Cuatro

R.E.A.C.H:
Una solución universal

D r.Seuss y sus palabras capturan el impacto que una persona tiene en otra. Tal influencia puede ser lo suficientemente poderosa como para construir un puente, inspirar un sueño o salvar una vida. Ofrecer una palabra amable o extender una mano amiga puede encender la esperanza, la positividad y la inspiración en una persona intimidada que de otra manera no podría experimentar emociones tan positivas. Las víctimas de acoso tienden a tener una imagen dañada de sí mismas por los esfuerzos de los acosadores para ridiculizarlas, avergonzarlas y acosarlas. La amabilidad y las palabras de afirmación pueden contrarrestar el impacto de las acciones de un acosador de manera significativa.

REACH es un acrónimo de un concepto que encarna un mensaje contra el acoso escolar de la plataforma del atletismo.

¿Por Qué Los Atletas?

La sociedad ha reconocido durante mucho tiempo a los atletas como íconos de motivación, determinación, vencedores y aventureros. El estatus icónico de los atletas surge de numerosas historias en las que un individuo o equipo triunfa frente a la adversidad o aprende valiosas lecciones de vida a través de la experiencia de la derrota. Las personas encuentran a tales individuos y equipos inspiradores porque las historias a menudo reflejan un espíritu duradero. La celebración del deporte y los atletas involucrados en los deportes constituyen una parte importante de una comunidad saludable.

Como ejemplo, veamos una historia real con una final sorpresa sobre un atleta intimidado por compañeros de equipo y la comunidad en general. La historia de Robert (Radio) Kennedy llegó a la pantalla grande, *Radio* en 2003.

Radio era diferente de otras personas. No procesaba la información tan rápido como otros, ni hablaba tan claramente como los demás.

La compasión de Radio por los demás eclipsó sus desafíos mentales, aunque sus compañeros de equipo lo intimidaron. Para colmo de males, los estudiantes de la escuela, y más tarde, los miembros de la comunidad siguieron el ejemplo de los jugadores de fútbol y se unieron a la intimidación de Radio.

Los acosadores a menudo atacan a cualquier persona que perciban como "diferente" de sus víctimas. Las diferencias pueden tomar innumerables formas. Puede ser una discapacidad mental o física. Otras categorías de diferencia incluyen:

- Origen étnico
- Antecedentes culturales
- Raza
- Género
- Edad
- Orientación sexual
- Reputaciones dañadas causadas por la difusión de imágenes comprometedoras o falsedades

En la película, el entrenador de fútbol Harold Jones se da cuenta de que el equipo de fútbol está intimidando a Radio y los castiga haciéndolos correr vueltas. Para sorpresa de todos, Radio corre vueltas con el equipo, posicionándose como un aliado en su castigo por maltratarlo. La acción desinteresada de Radio fue reveladora para el equipo de fútbol. Obligó a un cambio de actitud entre aquellos que habían sido crueles con él. Repensaron sus razones para sus actitudes antagónicas hacia Radio y lo abrazaron completamente como miembro del equipo. La mentalidad y el comportamiento del equipo cambiaron y tuvieron un efecto de goteo en toda la escuela y la comunidad. Los atletas hablan desde una plataforma poderosa.

¿Qué es R.E.A.C.H?

REACH es un movimiento que desarrollé para alentar y enseñar a los atletas cómo usar su plataforma contra el acoso escolar. El desarrollo del carácter a través del buen espíritu deportivo y como embajadores para enseñar y ejemplificar el movimiento de acrónimos REACH. Los atletas escuchan estos términos regularmente mientras se preparan para la competencia.

Represent (Representa)

Como atleta, representas a tu equipo, comunidad, familia y amigos.

Definición: Los atletas pueden ser designados para actuar o hablar en nombre de alguien de manera informal o en una capacidad oficial.

Encourage (Motiva)

Gane o pierda, los atletas deben motivar a sus compañeros de equipo a dar lo mejor de sí.

Definición: Los atletas están en una posición única para ofrecer apoyo a sus compañeros o fanáticos, afirmar a otros de manera que construyan su confianza o inspiren esperanza en alguien que la ha perdido.

Assist (Ayuda)

Dentro y fuera de la cancha, campo, hielo o colchonetas, los atletas aceptan asistencia o ayudan a otros. Ayudar pasando una pelota o disco o dar y

recibir consejos u orientación van de la mano con ser un atleta. Los atletas esperan ofrecer y recibir asistencia mutua, coaches, padres y entrenadores.

Definición: Los atletas pueden usar sus plataformas para identificar a aquellos que necesitan ayuda, ofrecerla o dirigirlos a los recursos necesarios.

Consistent (Consistente)

En cualquier deporte, el comportamiento consistente o la repetición es la clave para dominar las habilidades fundamentales. También es la clave para actuar positiva y adecuadamente dentro o fuera del ámbito deportivo.

Definición: Ser consistente es permanecer igual. Cuando los atletas practican consistencia diariamente dentro y fuera de la cancha o el campo, muestran a los demás que son confiables. Su consistencia muestra a los demás que es seguro contar con ellos.

Hope (Esperanza)

Antes, durante y después de los eventos competitivos, los atletas confían en la esperanza como combustible para mantener el deseo de mejorar continuamente y, gane o pierda, responda en todas las circunstancias con humildad y gracia.

Definición: Una persona con la esperanza de que algo deseable suceda.

Los atletas exitosos dominan los principios de REACH, que los equipa para tener éxito en el atletismo, crear conciencia sobre el daño causado por el acoso y disminuir la prevalencia de la intimidación. Los atletas pueden usar lo que ya tienen para impactar positivamente a sus equipos, escuelas y comunidades. Los principios de REACH permiten a los atletas utilizar sus plataformas para influir en la vida de los demás de maneras que pueden tener efectos a largo plazo.

Imagínate en una situación en la que alguien te ha traicionado al revelar información confidencial o compartir imágenes privadas a través de las redes sociales. Imagínese cómo se sentiría si aquellos que vieron o escucharon sobre las publicaciones miraran, rieran o hicieran comentarios insultantes hacia o sobre usted. En tales situaciones, la víctima puede sentirse abrumada por sentimientos de vergüenza, traición y vergüenza. Su autoestima puede sufrir un golpe. Duele ser objeto de desprecio. Si puedes imaginarte en una situación así, eso es empatía. Simpatía significa que sientes lástima por otra persona porque algo terrible sucedió o le está sucediendo. Uno es comprensivo cuando piensa: "Odiaría que eso me sucediera. Pero si lo fuera, encerraría a ese acosador de una vez por todas". Uno es empático cuando piensa: "Es horrible que Joe esté siendo acosado. Es tan tímido que me imagino que no sabe cómo detenerlo. Probablemente no sabría qué hacer si fuera tímido como él". La simpatía puede ser compasiva o no. La empatía es siempre compasiva. La simpatía compasiva, la empatía y los principios de REACH posicionan a los atletas para ser altamente efectivos en el campo contra el bullying.

La capacidad de empatizar es el mayor testimonio de la humanidad de uno. De hecho, la incapacidad de empatizar es uno de los signos de un psicópata. La empatía facilita la conexión con los demás. Las personas empáticas usan sus imaginaciones para entender cómo otra persona puede estar experimentando un evento o por qué están reaccionando de cierta manera. No tienes que experimentar algo para empatizar con el dolor, la herida o la alegría de otra persona. Las víctimas de acoso a veces no reciben ni empatía ni simpatía de quienes las rodean.

¿Qué Estás Dispuesto A Hacer?

Debemos decidir qué estamos dispuestos a hacer, sin importar nuestro tipo de personalidad, en nuestra trayectoria hacia la superación personal.

REACH pide que los atletas sean el cambio que quieren ver.

📽️Al usar la plataforma deportiva como valla publicitaria, puedes:

- Publicar citas y mensajes contra el acoso en sus páginas de redes sociales (Representa, Motiva)
- Usar ropa y equipo con mensajes contra el acoso (Representa, Motiva)
- Abogar por aquellos que no pueden abogar por sí mismos (Representa, Ayuda)
- Ser amable porque ser amable y dar una palabra amable significa mucho y no cuesta nada (Ayuda, Consistente)
- Educar a otros a su alrededor (p. ej., compañeros, familiares, compañeros de equipo, amigos) sobre los efectos del acoso (Ayuda, Consistente)
- Ser Voluntario (Ayuda, Consistente, Esperanza)
- Inspirar a otros a usar / explorar sus dones y talentos (Motiva, Esperanza)
- Respeta las diferencias: si todos fueran iguales, no serías especial (Esperanza)

Oponerse Al Bullying (Qué Hacer)

📹 Use sus plataformas sociales para hablar en contra del bullying. Las redes sociales son mercado 101 en el mundo de hoy. Así como comparte sus puntos de vista sobre un restaurante favorito, fotos de vacaciones, tiempo con amigos y otras cosas, comparta su postura contra el acoso. Publique mensajes contra el bullying en textos y en sitios de redes sociales. Incluye fotos tuyas o de otras personas en eventos contra el bullying. Cuando dejas que otros sepan cuál es tu posición sobre el tema, creas conciencia del problema. También invita a otros, directa o indirectamente, a ayudar a construir una cultura que promueva el respeto por todos.

📹 Ofrézcase como voluntario en eventos contra el acoso. Participar en un evento contra el bullying muestra a los demás lo que está dispuesto a representar. Los atletas a menudo asisten a recaudaciones de fondos y eventos. Asistir o ayudar a anunciar un evento contra el bullying llama la atención sobre el acoso.

📹 Busque ayuda o hable. Si necesita pedir ayuda a otros para abordar el bullying, no dude en hacerlo. Los directores, maestros, padres, entrenadores, agentes del orden público y centros de apoyo pueden ayudarlo a abordar el bullying. El silencio no siempre es oro. Su desaprobación abierta del bullying puede desalentar a los acosadores o posibles acosadores de participar en tales acciones.

📽Reconozca y valide los sentimientos de las víctimas acerca del bullying si las comparten con usted. A veces las personas hacen referencias sutiles a sus experiencias para probar cómo responderá alguien. Escucha las señales. Por ejemplo, una víctima podría preguntar: "Oye, ¿escuchaste cómo me llamaban?" Tal pregunta lo invita a reconocer las palabras o acciones hirientes y encontrar una manera de abordar el comportamiento, para que la víctima no sufra los efectos de un acoso mayor.

📽 Reconozca las tácticas del acoso. El acoso toma muchas formas, y todas son perjudiciales para la víctima. Las tácticas del bullying incluyen:

- Menospreciar
- Degradar a otros por insultos
- Arrastrar a otros por motivos de raza, religión, orientación sexual o identidad de género
- Aglomerarse alrededor de una persona para intimidarla
- Calumniar o ridiculizar públicamente
- Amenazar con revelar información o imágenes comprometedoras, falsas u obscenas
- Violencia física: real o amenazada

📽️**Nota:** A veces, las víctimas de bullying no reconocen que están siendo acosadas. Toleran el maltrato de los demás porque piensan que significa que son parte de un grupo. Es posible que no se den cuenta de que los comportamientos de acoso los diferencian del grupo como objetivo de un trato cruel. Hay más en pertenecer que estar en presencia de otros.

📽️Haz a los demás lo que quisieras que te hicieran a ti. La Regla de Oro puede parecer un cliché cansado, pero importa. Cuando nos ponemos en los zapatos de otra persona, empatizamos con ella. Nuestra empatía nos ayuda a interactuar con ellos de manera útil y amable.

📽️ Intenta comunicarte. Sé amable con los que te rodean. Los actos de bondad fomentan actitudes y relaciones saludables. Felicita a alguien por un logro. Pregunte cómo va el día de alguien. Relacionarse con los demás de manera simple pero genuina les muestra que son vistos, tienen valor e importan.

📽️Sé el cambio que quieres ver. Demuestre su compromiso con una postura contra el acoso. Predica con el ejemplo. Lo que haces, dices y toleras influye en las culturas de tu equipo, escuela y comunidad.

Oponerse Al Bullying (Qué No Hacer)

📽 No fomentes el bullying siendo un espectador o testigo.

📽 Evite pararse, ver y escuchar una avalancha de comentarios negativos, insultos hirientes o ataques físicos dirigidos a alguien. Si usted es el destinatario de imágenes comprometedoras de una persona (por ejemplo, fotos de desnudos, etc.), no distribuya las imágenes en publicaciones reenviando o transmitiendo de ninguna otra manera.

📽 No ignore la expresión de acoso de una persona como trivial o insignificante. A menudo es difícil para las víctimas compartir sus sentimientos acerca de ser acosadas. Tienden a avergonzarse de ser objeto de maltrato e inseguros de si otros verán los actos como justificables. Tal incertidumbre puede dañar aún más su autoimagen y perjudicar su confianza en los demás.

📽 No subestimes el potencial de alguien para ser un acosador.

📽 ¡Cualquiera puede ser un acosador! No hay una descripción de "talla única". Los acosadores provienen de todos los ámbitos de la vida y no están limitados por el estado financiero, la raza, la altura, la forma o el nivel de educación.

🎥 No ignores a las personas que se aíslan. El aislamiento a menudo indica que alguien no está seguro de cómo encajar. Observe quién parece estar aislado y comuníquese. Tenga en cuenta los límites preguntándole a la persona si está bien interactuar con ellos. Puede tomar varios intentos construir confianza, incluso cuando su gesto es genuino.

🎥 Es importante tener en cuenta que las listas de movimientos ofensivos y defensivos para los atletas que adoptan una postura contra el bullying no son exhaustivas. Ofrecen algunas sugerencias sobre formas de intervenir en situaciones de acoso y promover la lucha contra el bullying abogando por otros que no tienen voz. Recuerde, cualquiera puede ser una víctima; tu hermana, hermano, amigo, primo, compañero de clase, compañero de equipo, etc.

Nuestro Temor Más Profundo
En Relación Con REACH

La primera vez que escuché el poema Nuestro Temor más Profundo "Our Deepest Fear" de Marianne Williamson fue en 2005 en la película *Coach Carter*. La cita me inspiró en parte porque se relaciona con el atletismo y REACH enfatiza que el bullying no es un deporte para espectadores.

R.E.A.C.H:
Nuestro temor más profundo no es que seamos incapaces
Nuestro temor más profundo es que somos poderosos más allá de toda medida.

Representa: Es nuestra luz, no nuestra oscuridad lo que más nos asusta. Nos preguntamos, ¿Quién soy yo para ser brillante, hermoso, talentoso, extraordinario? En realidad, ¿Quién eres tú para no serlo? Eres un hijo de Dios.

Motiva: Hacerse el inferior no sirve al mundo. No hay nada de sabio en rebajarte para que otras personas no se sientan inseguras a tu alrededor.

Ayuda: Todos estamos destinados a brillar, como lo hacen los niños. Nacimos para manifestar la gloria de Dios dentro de nosotros. No es sólo en algunos de nosotros; está en todos.

Consistente: A medida que dejamos que nuestra luz brille, inconscientemente damos permiso a otros para hacer lo mismo.

Esperanza: A medida que nos liberamos de nuestro propio miedo, nuestra presencia libera automáticamente a los demás.

Animo a todos los atletas, entrenadores, padres y líderes comunitarios a adoptar REACH. Enseñe a los atletas a usar los principios para promover una cultura más saludable y el respeto por los demás. Anímelos a involucrarse como embajadores contra el bullying en sus comunidades. Haga hincapié en la lucha "contra el bullying que no es un deporte para espectadores" más de lo que debería ser el acoso.

Ser tú mismo en un mundo que está constantemente tratando de hacerte otra cosa es el mayor logro.

— Ralph Waldo Emerson (1803-1882)

Capítulo Cinco

Soy Quien Soy

Para entender cómo usar su REACH, primero debe descubrir sus rasgos de personalidad distintivos y si se identifica como introvertido o extrovertido. La mayoría de los atletas caen en un continuo entre uno u otro debido a su papel atlético. Derrick Rose explica su naturaleza introvertida como "parece que cuanto mejor juego, más atención recibo, y no puedo alejarme de ella". Él describe sentirse forzado a ser ambas cosas. Explica que "odia la atención, y eso lo pone en un aprieto extraño". blogranker.com artículo: Atletas que definitivamente son introvertidos (People in Sports 27 de enero del 2020)

Vamos a sumergirnos para descubrir lo que significa ser introvertido o extrovertido. Esto le proporcionará una mejor comprensión de los dos y ayudará a determinar con cuál se relaciona.

¿Qué Es Un Introvertido?

Un tipo de personalidad introvertida se refiere a una persona que se siente más cómoda centrándose en sus pensamientos e ideas internas en lugar de lo que está sucediendo a su alrededor.

Los introvertidos se energizan al estar solos. Tienden a funcionar mejor de forma independiente. A menudo pueden ser vistos como reservados, callados o tímidos. No buscan atención especial o compromisos sociales, ya que estos eventos pueden hacer que los introvertidos se sientan agotados y extenuados. Los introvertidos son lo opuesto a los extrovertidos.

– Teacherscollegesj.org/What is an introvert athlete?/ 1 de enero de 2021

¿Qué Es Un Extrovertido?

Los extrovertidos muestran un alto impulso y motivación; disfrutan de ser el centro de atención, tienden a pensar en voz alta con los demás y les encanta estar en grupos grandes. A los extrovertidos les resulta fácil ser grandes oradores y son sociables y entusiastas. Prefieren asociarse con personas, ir a lugares y colaborar con otros.

¿Cuál eres tú como atleta?
¿Introvertido o Extrovertido?

Atleta introvertido	Atleta extrovertido
Observador, piensa en detalles	Toma decisiones rápidas
Prefiere el aviso anticipado de los cambios	Le gustan las sorpresas
Le gusta recibir comentarios en privado	Le gusta el reconocimiento público
Valora las relaciones cercanas, prefiere pasar tiempo en soledad	Tiene una gran red social, le encanta estar en grupos grandes
Le resulta más fácil trabajar en entornos independientes	Prospera en entornos de trabajo abiertos y orientados al equipo
Gana energía gastando tiempo a solas	Gana energía estando cerca de otras personas

¿A Los Introvertidos Les Gustan Los Deportes?

Los deportes individuales pueden atraer a los introvertidos, ya que requieren habilidades motoras finas, movimientos precisos, determinación y concentración. Por ejemplo, los introvertidos pueden convertirse en corredores de distancia ya que disfrutan entrenando solos.

- ¿En qué se parecen y se diferencian las personalidades de los atletas?
- ¿Pueden las pruebas de personalidad predecir el rendimiento atlético?
- ¿Son cambiantes los rasgos de personalidad, y valdría la pena cambiarlos?

Algunos piensan que los acosadores se meten con los introvertidos porque son callados y reacios a defenderse. Otros asumen que los extrovertidos son más propensos a ser acosadores. Pero ¿son ciertas estas percepciones?

El tipo de personalidad de un individuo está influenciado por si son estimulados por estímulos internos, interacciones con otros, el entorno o situaciones (Healthline.com 2019). Los extrovertidos tienden a tener muchos amigos y disfrutan pasar tiempo con ellos. Los introvertidos disfrutan pasar tiempo solos o con un amigo o dos y no confían en otros para validar sus decisiones.

El deporte se ha convertido en una de las piedras de toque culturales más emblemáticas. Cada vez más, los atletas profesionales difunden la conciencia sobre causas dignas a través de exhibiciones de activismo en los escenarios públicos que ocupan. Por lo tanto, los atletas tienen el poder de influir en las mentes y acciones de millones de personas (Tesacollective.com 27 de julio de 2021).

¿Cómo puedes usar tu plataforma como atleta en función de tu personalidad?

Contra El Bullying Mediante el Deporte invita a las personas a ser ellas mismas. Los atletas están en una posición única para alentar a las personas a apreciar las diferencias de los demás, haciéndolos sentir seguros y aceptados. Las personas están menos dispuestas a interactuar con los demás de manera auténtica y libre cuando están aisladas o ridiculizadas debido a sus diferencias. Tal tratamiento daña a una persona en su núcleo. Todos deben sentirse seguros y orgullosos de decir: "Soy quien soy".

Atletas Que Encabezan La Lista De Introvertidos

Aunque el tiempo a solas puede ser difícil de encontrar para los atletas profesionales famosos, es posible que necesiten más espacio que sus extrovertidos compañeros de equipo. El campeón de la NBA Michael Jordan es introvertido. Tiger Woods ha sido criticado por ser un mal jugador de equipo, pero es introvertido. Larry Bird era tímido e introvertido. No era alguien que buscara el centro de atención mientras jugaba para la NBA.[1]

---

[1] https://www.ranker.com/list/athletes-who-are-introverts/people-in-sports

Atletas extrovertidos

- Dennis Rodman
- Ricky Hatton

Los atletas pueden acercarse a los introvertidos y extrovertidos de manera diferente para ser más efectivos. Ni el introvertido ni el extrovertido deben ser ignorados basándose solo en sus características de personalidad.

Comprenda Su Plataforma (Uniforme)

Uso del uniforme

Un uniforme conecta a una persona con un equipo o una organización. Vistiendo el uniforme representan al equipo u organización. El uniforme es un símbolo del medio ambiente y la cultura, promoviendo tanto el orgullo como la responsabilidad. Las acciones de la persona que lleva el uniforme deben reflejar esos valores.

Estos son ejemplos de personas que usan uniformes, distinguiéndose como personal de servicio público:

Policía

Para servir y proteger

Marina

Los pocos Los orgullosos/Pocos hombres buenos

Bombero

Fuego y Rescate

Atletismo*: pasado, presente y futuro*

(Somos embajadores en Contra del Bullying)

Como **atletas**, pueden usar sus uniformes deportivos para indicar su REACH y sus roles como *embajadores contra el bullying comprometidos con la lucha para ayudar a poner fin al acoso.*

Capítulo Seis

El Poder Del Deporte Y Nuestra Responsabilidad

L os deportes pueden ser áreas de cambio en nuestras comunidades. Como sabemos, los deportes unen a personas de todos los ámbitos de la vida en torno a un objetivo común Mejoran la salud física, mental y emocional, crean oportunidades para el crecimiento individual y desarrollan confianza. Las personas se empoderan a través de su participación en los deportes.

Los atletas usan sus uniformes de manera poderosa mientras defienden lo que creen que es correcto en muchas situaciones. En los días posteriores al 9/11, en todo Estados Unidos, la gente regresó al trabajo con un propósito: militares, bomberos, policías y equipos de rescate arriesgaron sus vidas sin ninguna razón o recompensa, excepto la vocación para salvar vidas inocentes. Aquí hay algunas situaciones en las que los atletas impactaron a su comunidad y más allá.

El poder de los deportes adoptó un enfoque de retorno a la normalidad y, a veces, parecía como si fuera lo único que mantenía a las personas unidas. Alivió a quienes lo necesitaban. El 9/11 todavía estaba fresco en la mente de todos, pero los deportes aliviaron al mundo del dolor, la muerte, la destrucción y el debate de los ataques. Hubo momentos de silencio por las víctimas. Los jugadores de béisbol a hockey llevaban banderas estadounidenses en sus camisetas. Hubo jonrones, ponches, tacleadas y anotaciones. Hubo victorias y derrotas en un nivel intrascendente. Había entretenimiento. Los deportes permitieron a las personas revivir, incluso si fue solo por un corto tiempo.

En 2020, el mundo se cerró debido a la pandemia de COVID-19. Las familias se vieron obligadas a aislarse y a permanecer en sus hogares. El mundo virtual en línea era la nueva norma. Los jóvenes asistían a clases virtualmente, y el valor tradicional de la familia regresaba cuando nos veíamos obligados a pasar tiempo juntos. El poder del deporte una vez más se convirtió en un foco donde según dosomething.org, atletas de todo el mundo del deporte donaron dinero, dirigieron y participaron en actividades divertidas y utilizaron sus recursos (aviones y plataformas de redes sociales) para ayudar a cuidar e informar a las personas.

La Burbuja de la Asociación Nacional de Baloncesto (NBA) de 2020, también conocida como la Burbuja de Disney o la Burbuja de Orlando, fue la zona de aislamiento en Walt Disney World en Bay Lake, Florida, cerca de Orlando. La NBA creó la Burbuja para proteger a sus jugadores de la pandemia de COVID-19 durante los últimos ocho juegos de la temporada 2019-20.

Antes de eso, el poder de los deportes estaba operativo. En la serie documental de ESPN "The Last Dance", los Chicago Bulls permitieron que un equipo de filmación los siguiera mientras buscaban su sexto título de la NBA en ocho temporadas. Esto resultó en un retrato de uno de los equipos más famosos del deporte. "The Last Dance" sigue la temporada 1997-98 de los Bulls de principio a fin. La serie toma su nombre de una frase acuñada por el entonces entrenador de los Bulls, Phil Jackson, quien sabía que la temporada probablemente sería la carrera final para los miembros principales de esa dinastía de los Bulls de la década de 1990.

Nuestra Responsabilidad

REACH es un acrónimo. Los atletas escuchan estos términos regularmente mientras se preparan para la competencia. Como atletas, se nos enseñan lecciones de vida a través del deporte y se nos anima a competir a un alto nivel. La dedicación, el deseo, la disciplina, el respeto y la buena ciudadanía son características esenciales para que los atletas participen con éxito en cualquier equipo. La participación en el atletismo es un privilegio; no es un derecho.

Como atletas, lidiamos con la presión diariamente. Tratamos con las redes sociales, los fanáticos, las redes deportivas, los padres y los amigos, y estamos sujetos a un estándar más alto. Por estas razones, necesitamos tener la memoria de un pez dorado para lidiar con las críticas y estar constantemente en el centro de atención.

¿Un pez dorado?

Sí, un pez de colores.

Recientemente aprendí que un pez dorado olvida todo en tres a diez segundos. No me preguntes cómo alguien sabe esto; simplemente lo hacen.

Debido a que estamos sujetos a un estándar más alto, debemos mirarnos en el espejo y decir: "Yo soy el que soy", y necesitamos confiar en nosotros mismos.

🎥Nuestras conexiones hacen que los atletas encajen perfectamente con REACH, así que ¿por qué no dar ejemplo y usar esta plataforma para ayudar a otros?

Internet tiene muchas historias de atletas que usan sus plataformas para defender a los estudiantes acosados, son ejemplos de tales historias:

Atletas Ayudan A Las Porrlslus Con Síndrome De Down A Desafiar A Los Acosadores

https://www.npr.org/sections/thetwo-way/2015/03/13/392782830/athletes-help-cheerleader-with-down-syndrome-defy-bullies.

Jugador De Fútbol Almuerza Con Niño Con Autismo Después De Verlo Sentado Solo

https://time.com/4474258/florida-state-football-boy-lunch-autism/

Fui testigo de un escenario similar con un estudiante de secundaria que entrené. El se dió cuenta de un estudiante aislado por los otros estudiantes, sentado solo, almorzando. Mi jugador era un estudiante popular que jugaba baloncesto. El jugador de baloncesto se sentó con el estudiante, almorzó con él y se hicieron amigos.

Cuando la madre del estudiante aislado se enteró de lo que sucedió, se acercó a mí. Ella compartió que su hijo estaba luchando contra la intimidación y la depresión y no quería ir a la escuela. Ella declaró que desde que el jugador de baloncesto comenzó a almorzar con él, su hijo la apresuraba en el auto para llegar a la escuela.

🎥 Hermanos y hermanas (atletas pasados, actuales y futuros), usemos nuestras plataformas para dar un ejemplo en contra del acoso a través del Deporte al hablar y hablar fuerte. Mostremos a nuestras comunidades lo que realmente significa ponerse el uniforme de su equipo y prometamos permanecer unidos.

Los departamentos deportivos de los Estados Unidos están implementando estos conceptos para garantizar que cada atleta sea consciente de las consecuencias del bullying.

Capítulo Siete

Referencia Rápida A Las Políticas Contra El Bullying

Hay un número creciente de recursos disponibles para ayudar con el tema del acoso. Las herramientas para la prevención, la interrupción de actividades, el asesoramiento y otros recursos están disponibles, proporcionando opciones en todo Estados Unidos.

🎥Recomiendo que los atletas se familiaricen con su línea de ayuda de crisis local y tengan la información de contacto de la línea de ayuda disponible para darle a la víctima.

🎥Anime a las víctimas a pedir ayuda, asegurándoles que pueden permanecer en el anonimato. Busque las leyes contra la intimidación de su estado y agregue cualquier recurso que encuentre a su kit de herramientas para servir al movimiento contra el acoso.

Escanee estos recursos para que pueda acceder a su colección fácilmente, ya sea que sea el atleta o el blanco de los acosadores.

Recursos

La Alianza Nacional Sobre Enfermedades Mentales
NAMI Helpline

www.NAMI.Org

La línea de ayuda de la Alianza Nacional de Enfermedades Mentales (NAMI) es un servicio gratuito de apoyo entre pares a nivel nacional. Esta línea de ayuda proporciona información, referencias de recursos y ofrece apoyo para ayudar a las personas que viven con una afección de salud mental, sus familiares y cuidadores, proveedores de salud mental y el público. El personal y los voluntarios utilizan su experiencia y capacitación para proporcionar orientación.

Lo que no son: La línea de ayuda de NAMI no es una línea directa, línea de crisis o línea de prevención del suicidio, no proporciona consejería de salud mental, asesoramiento, representación personal, o referencias a proveedores de salud mental o abogados.

¿Cuál es la diferencia entre una línea de ayuda y una línea directa? Cuando se trata de contenido dañino que se encuentra en línea, el enfoque principal de una línea de ayuda es en los niños, para que puedan apoyarlos a través de lo que han encontrado, mientras que el enfoque de una línea directa es eliminar el contenido, en este caso, principalmente Material de abuso sexual infantil (Jugadores de baloncesto de la escuela secundaria defienden a una porrista acosada)

Middle school basketball players defend bullied cheerleader

CBSNEWS.com informó en marzo de 2015 este artículo sobre el comportamiento valiente de estos jugadores de baloncesto de la escuela secundaria. Como atleta, espero que también te sientas seguro a medida que aumenta tu conciencia sobre el bullying.

Ālto al Bullying en cyberbullying.org
Stop Bullying

Stopbullying.gov es un sitio web oficial del Gobierno de los Estados Unidos. El sitio web ofrece un amplio espectro de información para equipar a los defensores con información de cómo ayudar a detener el acoso escolar. Este recurso sugiere que hay maneras de detener el acoso en el acto y prevenir el acoso tomando medidas como enseñar a los niños cómo hablar sobre el acoso, crear un ambiente escolar seguro y lanzar una estrategia de prevención del acoso en toda la comunidad.

Historias Reales de Bullying
Real Bullying Stories

www.NOPLACE4HATE.org

Dos hermanas se refieren a su sitio web como ningún lugar para el odio y ofrecen lo que llaman un refugio seguro. Las historias reales de bullying son de personas que experimentaron acoso y están dispuestas a compartir los detalles de sus luchas y victorias. Este recurso muestra a los visitantes cómo se siente una persona acosada e invita a la empatía de los lectores.

Línea Nacional De Prevención Del Suicidio

National Suicide Prevention Lifeline

www.SuicidePreventionLifeline.org

Prevenir el suicidio es el enfoque de este recurso 24/7. Es gratuito y confidencial, ofreciendo apoyo para las personas que se sienten angustiadas. Los recursos de prevención y crisis son para el individuo y los seres queridos, y procedimientos adecuados para profesionales en los Estados Unidos.

Leyes de Bullying Cibernético en todo Estados Unidos
Cyberbullying Research Center

CYBERBULLYING.org/bullying-laws

Este recurso útil le permite buscar leyes del bullying cibernético en su estado.[2]

Hay recursos para ayudar a las víctimas de acoso, sus seres queridos y defensores que trabajan para detener o prevenir el acoso. Cualquier persona puede ser víctima de acoso, incluso los atletas. Si eres un atleta (pasado, actual o aspirante), puedes usar tu plataforma para ayudar a otros jóvenes acosados.

Infórmese para abogar eficazmente contra el acoso escolar y ayudar a lograr el cambio que usted y muchos otros desean ver. Elija un recurso y utilícelo como punto de partida para educarse sobre el bullying, sus efectos y las formas de disminuirlo y prevenirlo. Familiarícese con la mayor cantidad de información posible y únase a otros atletas para poner fin al dolor y las consecuencias dañinas de acosar a alguien.

---

[2] *Haga clic en cualquier estado para saber exactamente qué incluyen sus leyes de bullying.*

Conclusión

El acoso se asemeja a una enfermedad, pero es una que podemos controlar y curar. Podemos erradicarlo a través de una mejor educación en las escuelas y nuestras comunidades.

Actualmente, el esfuerzo contra el bullying se centra en maestros, padres, agentes del orden público y adultos de todos los ámbitos de la vida, incluso los atletas adultos. Son invaluables para la lucha.

Contra el Bullying Mediante el Deporte, es único porque llama a los jóvenes y atletas jóvenes a usar sus plataformas, con el apoyo de los departamentos deportivos y los recursos que necesitan para ser impactantes. Para garantizar que los atletas no se conviertan en objetivos de acoso:

- Permanezcan conectados con su comunidad atlética.

- Reciban entrenamiento a través de los departamentos deportivos que conectan con los conceptos *Contra el Bullying Mediante el Deporte*

- Utilicen los recursos proporcionados para tomar decisiones sabias cuando ayude a una persona acosada a sentirse segura y protegida.

Mis padrinos me acogieron cuando tenía trece años. Me enseñaron muchas cosas, incluida la importancia de representar a mi familia y mis valores. También me enseñaron sobre el poder de los deportes. Me inspiraron a usar mi plataforma como atleta para impactar positivamente a nuestra comunidad.

Los atletas que adoptan *Contra el Bullying Mediante el Deporte* reconocen los principios del programa a partir de su participación en los deportes y cómo se transfieren al esfuerzo en contra del acoso. Cuando se juega a la ofensiva, leer la defensa es una estrategia poderosa en los deportes y en la lucha contra el acoso escolar.

Las voces de los atletas pueden ser escuchadas y, por lo tanto, utilizadas para cambiar las vidas de quienes están siendo acosados. Prometa permanecer unido en carácter y declare su responsabilidad de usar su plataforma positivamente para ayudar a los demás.

Este libro es un llamado a la acción dirigido a atletas y entrenadores pasados, actuales y futuros para continuar generando impulso para poner fin al acoso. Las estrategias discutidas a lo largo de este libro pueden equipar a las personas para ayudar a hacer de las escuelas y comunidades refugios seguros para nuestros jóvenes.

Contra el Bullying Mediante el Deporte, el libro, es una de esas herramientas. Si bien el libro se centra explícitamente en las plataformas de los atletas, cualquiera puede adaptar la información. Aquellos que trabajan en administración en una compañía Fortune 500 son un equipo. Podrían usar los conceptos de este libro para hacer campaña contra el acoso en el lugar de trabajo o en otros lugares.

A menudo se desconoce por lo que la gente está pasando. Este libro puede ayudar a mostrar a los atletas cómo usar su plataforma para ayudar a otros. En el campo, los jugadores ofensivos leen la defensa y usan la información para avanzar hacia la victoria. Un entrenador atlético puede ajustar la siguiente jugada en función de su lectura de lo que sucede en el campo. Cuando la pelota está en el aire, tanto la ofensiva como la defensa tienen una probabilidad de 50/50 de agarrar la pelota mientras está en el aire. Lo mismo ocurre cuando se identifican situaciones de acoso escolar y se ajustan las estrategias de intervención. Lea la situación y decida cómo proceder en función de la información presentada en este recurso.

La persona que interviene está segura porque puede elegir cuándo o si implementar las estrategias. Una persona puede observar una situación y no tomar ninguna acción. Más tarde, sin embargo, podrían publicar un mensaje en Facebook o Twitter que diga: "Me gustaría que la gente sea más respetuosa". Las declaraciones indirectas también son una forma de alcanzar a alguien para construir un puente, inspirar esperanza o un sueño, y tal vez incluso salvar una vida.

📽 Hacemos un llamado a todos los atletas pasados, actuales y futuros para que continúen aprovechando este impulso para ayudar a poner fin al acoso.

El Compromiso

Queremos cambiar las vidas de aquellos que están siendo intimidados.

Nos comprometemos a permanecer unidos en carácter y nuestra responsabilidad sea conocida.

Nuestra esperanza es que nuestra voz sea escuchada:

Somos Embajadores Contra el Bullying

¿Cómo Comenzó REACH?

– Entrevistado por: Yvette Ward

Mi esposa inscribió a mi hijo en un programa de AAU (Amateur Athletic Union). Observé las prácticas y a los niños salir de las prácticas. Hablaban en voz alta, usaban malas palabras y no mantenían la puerta abierta para sus mayores. Después de escucharme expresar mi preocupación varias veces sobre su comportamiento, mi esposa me animó a comenzar un programa de AAU. Decidí que no se trataría únicamente de baloncesto. Además, los atletas aprendieron sobre el acoso escolar a través del programa que más tarde llamé REACH. Aprendieron sobre la etiqueta, incluyendo llevar a sus madres a citas para aprender a tratar a las mujeres. El movimiento tenía como objetivo enseñar a los atletas jóvenes la importancia del desarrollo del carácter a través del buen espíritu deportivo y embajadores en representación de su equipo ante la comunidad a través de programas de servicio y competiciones. Les enseñé a ejemplificar los principios de cada pilar de REACH según sea necesario para participar con éxito.

Nuestro lema:

Yo Soy quien Soy, es tiempo de ALCANZAR

Mi movimiento contra el bullying REACH, ayudó a los niños a ir y usar su plataforma para ayudar a otros. A lo largo de los años, desarrollé el concepto. Hoy en día, REACH es diferente de lo que era entonces. Este libro es una herramienta enfocada *Contra el Bullying Mediante el Deporte.*

¿Cuál es su expectativa de REACH?

Mi expectativa es que todos los entrenadores y atletas usen su plataforma para marcar la diferencia fuera de la cancha / campo. Por ejemplo, en el juego de baloncesto, si paso el balón que es una asistencia, podemos aplicar esto de la misma manera abriendo la puerta para alguien que quizás no conozcamos. Quiero tratar de cambiar la perspectiva y la mentalidad de los atletas y alentar a los fanáticos y a la comunidad a apoyarlos a través de la lucha contra el bullying a través del deporte.

¿Quién es la persona más influyente en tu vida?

Mis abuelas (Lola), mi gran mamá (Marjorie) y mi abuela (Susan) por los valores que me inculcaron desde la ética laboral, la retribución, los valores familiares y la ayuda a los demás.

¿Cómo era la escuela mientras crecías, y eras una víctima de bullying? ¿Cómo escalaste?

Bueno, primero fue difícil no saber con qué estaba lidiando, no tener los recursos y ser criado por una abuela que no tenía mucha educación. Ella hizo lo que pudo, pero a menudo me preguntaba si era así la casa de todos los demás. Pensé que sí.

No entendía porque estudiaba, leía y creía que conocía la información. Pero a menudo fallaba en las pruebas, y las pruebas de ortografía verbal frente a la clase eran aún peores. Me molestaron y se burlaron de mí desde el principio, pero no me sentí tan mal debido a mi personalidad, carácter y cómo trataba a las personas.

Lo que me despertó fue una maestra de quinto grado que me dijo que nunca llegaría a nada. Todavía llevo eso hasta el día de hoy porque una de sus declaraciones fue que un niño negro sin padres estaría en la cárcel o vendiendo drogas. Me aferré a eso y lo usé como una de mis motivaciones.

Cuando me introdujeron en el baloncesto, todo cambió. No diría que era un acosador; era más un protector, porque vi algunos de los abusos que sufrieron mi tía y mis hermanas cuando salían, y yo protegía a las personas.

Siempre digo que el baloncesto es lo que hice, pero no lo que soy. Eso es solo parcialmente cierto porque el baloncesto me ayudó a ser quien soy. Puede que no haya conocido a mi esposa, no habría conocido a mi mejor amigo, y puede que nunca me hayan diagnosticado. El baloncesto me sacó del condado de Choctaw y me dio acceso a los recursos para diagnosticarme, ayudarme a aprender formas de lidiar con la dislexia y aprender sobre mí mismo. Allí, superé la vergüenza. Al principio de mi vida fue una lucha, pero cuando me introdujeron en el baloncesto, cambió mi vida de muchas maneras

Como jugador de baloncesto, ¿experimentaste acoso?

No, no desde el momento en que llegué a la escuela secundaria. Piénsalo de esta manera, mido 6'6" y jugué con compañeros de equipo igual de altos o más altos caminando a mi lado. La forma en que se ve a los atletas, nadie los molesta y si lo hicieran el resto del equipo saldría en su defensa. Este tipo de lealtad influyó en el modelo de *Contra el Bullying a través del Deporte*.

¿Dime algo que quieras que tu audiencia escuche y sepa sobre ti y lo que estás haciendo?

No soy perfecto; mi vida era dura. No renuncié ni me di por vencido. Para ver de dónde venía y qué tenía que superar, algunas personas decían: "Me sorprende que, todavía estás aquí". Escucha, todavía estoy tratando de hacer una diferencia e impacto, principalmente debido a las palabras que escuché de mi abuela y mis padrinos a una edad más temprana: *"Trata a las personas como quieres ser tratado y habla por aquellos que no pueden"*. Así que, eso me mantiene en marcha.

Estoy ansioso por agradar y me tomo en serio el aprecio. Tenía familias de mi ciudad natal que me apoyaban. Por lo tanto, siento que sería hipócrita dar marcha atrás cuando invirtieron tiempo y dinero para apoyarme y no pidieron nada a cambio. Este reconocimiento es una manera de retribuirles Ves mi nombre ahora, pero cuando lo miro, los veo a todos.

Tengo una mentalidad diferente, y debido a mi trastorno de aprendizaje, veo muchas cosas de manera diferente a la mayoría de las personas. Pensé que era normal, pero ahora lo miro y me doy cuenta de que es un regalo. Mi principal objetivo es avanzar y ayudar a las personas.

Si puedo evitar la muerte por suicidio de una persona debido al bullying entonces he hecho mi trabajo.

CUANDO APRECIAS A ALGUIEN
regálale flores
CUANDO AUN PUEDE OLERLAS

Reconocimientos

Padre Celestial, gracias por amarme, mostrarme mi dignidad y perseguirme. Gracias por darme una visión llena de propósito, guiarme en este viaje y humillarme. Sin ti, no habría yo.

* * *

Gracias a mi esposa, Kisha, por su apoyo interminable en este viaje. Siempre le estaré agradecido por leer los primeros borradores, ofrecer consejos sobre el contenido y estar siempre a mi lado. Gracias, mi amor, por ser un pilar en mi vida y mi base sólida.

* * *

Un agradecimiento muy especial a mis hijos Juon, Jannee' Josiah, Jazmin, y mis nietos, Jayla, Isaiah, Jordan, Christopher, Jalen, Jaahren, y mis futuros nietos. Realmente creo que están en mi vida para ayudarme en mi viaje. Están ahí para mí cuando necesito consuelo, amabilidad, motivación y propósito. Tú eres la verdadera inspiración para este libro. Las palabras no pueden expresar lo bendecido que soy. Te amo.

* * *

Mi hermosa abuela, la señora Lola Ruffin, la base de mi ser. Me criaste como tu hijo, acogiéndome cuando tenía seis semanas de edad. No teníamos mucho, pero yo era rico en cosas que el dinero no puede comprar: valores sólidos y las lecciones de vida que me enseñaste. Te extraño. Ojalá estuvieras aquí para compartir estos momentos conmigo. Que descanses sabiendo que continuamente me esfuerzo por hacerte sentir orgullosa a ti y a los que amo.

* * *

Para mis hermanas mayores Rena y Bárbara, nunca hay un solo día en que desearía que no sean mis hermanas. Tuvimos un comienzo difícil en la vida con el fallecimiento de nuestra madre. Tenía solo 2 años y no sé nada sobre ella, solo lo que ustedes dos compartieron conmigo. Eres la persona más hermosa, cariñosa y amorosa que conozco, y me encanta ser tu hermano menor. Soy muy afortunado de tener hermanas como tú; y doy gracias a Dios por bendecirme con hermanas tan maravillosas. Gracias por estar ahí para mí, en mis mejores momentos y en los más oscuros; Gracias por ser tú. A mis hermanas, Brittney Marzetta, Judie Bee y mi ahijado, Cedric Manior, gracias por aceptarme como su hermano mayor y compartir el amor, la guía y los valores de sus padres conmigo. Estoy orgulloso de ser parte de la familia Manior.

* * *

A mi mejor amigo, Al Pinkens, hermano, estuviste a mi lado a través de mis éxitos y, más aún, en mis luchas. ¿Quién hubiera pensado que nuestros caminos que se cruzaron en la universidad hacen más de treinta años se convertirían en una relación que ejemplifica la verdadera amistad? Nuestra naturaleza competitiva y los desafíos de hablar basura nos llevaron a dónde estamos hoy. (No olvides que todavía no puedes vencerme, hermano.)

* * *

A Ricky Dukes, mi pasión por los deportes y por pasar la antorcha comenzó contigo. Cuando tenía diez años, me planté en una acera un sábado por la mañana y les dije a los niños mayores que jugaban baloncesto: "Yo soy el siguiente". Me elegiste cuando ningún otro niño me eligió para jugar en su equipo. Cambiaste mi vida ese día. Alimentaste mi pasión por el baloncesto y modelaste un comportamiento que me mostró cómo las acciones de una persona pueden afectar la vida de otra.

* * *

A mi entrenador Kermit Davis, viste a un joven de 6'6" apasionado por el baloncesto. Viste en mí a un atleta hambriento de aprender, crecer y tener éxito en el deporte. Me empujaste a mis límites, me animaste y me hiciste ver las infinitas posibilidades que el mundo me ofrecía dentro y fuera de la cancha. Gracias por guiarme y ver mi potencial.

* * *

A FC Kimbrough, eres como un hermano mayor para mí. Durante mi juventud, me mantuviste humilde y con los pies en la tierra. Has sido la voz de la razón en mi vida durante muchos años. Gracias por estar siempre presente cuando he necesitado un oído atento, palabras de aliento u orientación.

* * *

A mis suegros, Willie Carl y Teresa Merrell, por su apoyo incondicional a mi visión. Estoy agradecido por su amor y guía en esta travesía.

* * *

A Mike Damelio, mi hermano italiano, has estado conmigo en algunos de mis momentos más oscuros, constantemente empujándome y animándome porque sabías que se avecinaban días más brillantes. Invertiste en mí cuando me dijeron que nunca volvería a jugar al baloncesto debido a una lesión de la cual se pensaba que pondría fin a mi carrera. El tiempo y el esfuerzo que dedicaste a rehabilitarme física y mentalmente también me ayudaron durante ese tiempo oscuro. Sin ayuda de nadie, me trajiste de vuelta más fuerte que nunca. Gracias por ser la luz en el camino.

* * *

Seaford Marzette, Jr., tú estableciste el tono para que yo fuera un gran jugador en mis días de escuela secundaria, sacrificando tu tiempo en el centro de atención para compartirlo conmigo. Gracias por ver en mí lo que no vi en mí mismo. Recuerdo el juego de la escuela secundaria contra nuestro rival de la escuela en mi tercer año. Fuiste en contra del juego del entrenador, arriesgándote a ser bancado, para que yo pudiera brillar. Tu decisión ese día me enseñó lo que significa ser parte de un equipo. La amabilidad detrás de esto me mostró lo que significa ser un verdadero amigo.

* * *

A Onnie "AuntHoney" Dukes Williams, Florine "Rine" Dukes Anthony y Ann Spears, gracias por aceptarme en la familia Dukes/Williams y mostrarme amor. Recuerdo cuando me dijiste: "Eres parte de esta familia y te amamos. Avísame si alguien te trata de otra manera". Tus palabras de inclusión fueron poderosas para mí. Los amo a todos. Gracias por verme, aceptarme y amarme.

* * *

A las víctimas de bullying y sus familias, si pudiera defenderlos a cada uno de ustedes y protegerlos del bullying y el daño que causa, lo haría. Mi misión es hacer todo lo posible para educar a las personas sobre los efectos nocivos del bullying en la vida de personas inocentes y, algún día, detenerla. Eres amado. Estoy aquí. Te veo.

Agradecimientos Especiales:

- The Dukes/Williams Family
- Sheria Barron
- Coach Scott Taylor
- Coach Murry Bartow
- James Barnes (L.B.)
- Susan Small (Granny)
- George & Sandra Simmons & Family
- The Hildreth/Ruffin (family)
- Rickey Hampton
- Willie & Helen McRand
- Tony Arroyo
- John Arroyo
- Chris Ward
- Ted Fowler
- Terry & Lisa Bryant
- Thomas Roscoe, Jr.
- Shaquille O'Neal
- Vincent L. Carter
- Yvette Ward
- Billy Jefcoat
- Team Ted
- Loretta Ingraham (staff)
- Samuel (Cisco) Berry
- CCHS Class of 1991
- Coach Arthur Vincent
- Coach Miguel Martinez
- Chipola Jr. College Teammates
- Troy University Teammates
- Charles Barkley
- CCHS Teammates
- Vigo Spain Teammates
- Riverview Hurricane Family
- Coach David Felix
- Coach Don Maestra
- Phi Beta Sigma Fraternity
- Darrell Armstrong
- Zeta Phi Beta Sorority
- Mike Trigg

- Coach Milton H. Johnson
- Calvary Chapel of Brandon
- Uncle Herbert Small
- Mr. Vernon Underwood
- Coach Charlie Thompson (track coach)
- Roosevelt and Marjorie "Big Mommy" Barron
- Clinton Smith & Family
- Dr. Rick Davila
- David and Heather Howes
- Shon Ewens
- Damon and Laura Dye
- Chris and Cindy Sorfarelli
- Tony and Teresia Cherry
- Ricky Gallon
- Kara Pinkins
- Win and Ronda Case
- MTSU Family/Players
- Paul and Rena Gregory
- Jamey and Gayle Westbrook
- Jeff James
- Coach Mike and Kelly Alice
- Coach Rodney King
- City of Tampa
- Robert and Kay Trammell
- Riverview Boys and Girls Club Board
- Amanda Rich
- Grace Christian School of Valrico FL.
- Coach Terrence Robinson
- Vigo Spain Community

Escribir un libro sobre algo que te apasiona es un proceso surrealista y de humildad. Muchas personas me inspiraron a escribir este libro. Pido disculpas si he dejado a alguien fuera de esta lista. Aprecio mucho a todos los que jugaron un papel en mi vida y en este proyecto. Lanzar este libro es solo el comienzo.

Referencias

Marianna Williamson "(A Return to Love)
March 15, 1996

StopBullying.gov

Blog.securly.com

Endcyberbullying.org

Forbes.com/feb.21,2013article on Alice G.
Walton (published in JAMA Psychiatry)

Washington Post March 11,2011 By:
Nia Malika Henderson Title: Obama speaks out
against bullying says, I wasn't immune.

Dyslexiada.org

The Sportster.com/John Cena 2015 article

Ranker.com/ June 14,2019 Michael Phelps (6
athletes who were bullied)

Ranker.com/ Jan.27,2020 Athletes Who are
Definitely Introverts

Eve Torres The sportster.com/2015 article self
defense

Dr. Seuss/ to the world you may be one-person
Quotable Quote

The 2003 Movie Radio

Acerca del Autor

Fred Spencer es un exjugador profesional de baloncesto. Se graduó en Springfield College y jugó baloncesto universitario en Chipola Jr. College en Marianna, Florida, Troy University en Troy, Alabama y en Vigo, España. Es un profesional de negocios y educador.

Algunos detalles esenciales sobre Fred:

- Creció en la pequeña ciudad de Pennington, Alabama, a la que cariñosamente llama "el campo".

- Fue objeto de burlas desde la escuela primaria hasta la secundaria tardía debido a sus pobres habilidades de lectura y escritura.

- Creció en estatura hasta convertirse en 6'6".

Se convirtió en un miembro prominente del equipo de baloncesto y se liberó de insultos y críticas simplemente porque era un estudiante atleta. Como atleta universitario, le diagnosticaron dislexia y sintió que recibió la asistencia necesaria porque era un estudiante atleta, lo que lo ayudó a superar la condición. El baloncesto le ayudó a aceptar sus limitaciones.

Es un líder influyente en su comunidad y para sus estudiantes-atletas.

Fred desarrolló el concepto *Contra el Bullying Mediante el Deporte* y se complace en presentárselo.

Contacte el Autor
Fred Spencer

Fred Spencer es también un atleta y orador reconocido internacionalmente.

Los temas sobre los que expone incluyen:
- Contra el Bullying
- Entrenamiento Atlético
- Mentalidad
- Motivación

Solicitud de reservaciones o
Para obtener copias masivas o adicionales de este libro, póngase en contacto con:
4JsSports@gmail.com

Siga a Fred en las redes sociales
Instagram: 4JsSports | Facebook: 4JsSports
#4JsSports | #AntiBullyingThroughSports
www.4JsSports.com

Todos los libros disponibles en:
www.4JsSports.com
Amazon.com | Barnes & Noble

www.ingramcontent.com/pod-product-compliance
Lightning Source LLC
La Vergne TN
LVHW021402080426
835508LV00020B/2403